천년을 세우다

천년을 세우다

마애부처님을 바로 모시는 일은

과거천년을 세워 희망의 미래천년을 여는 것입니다

조계종
출판사

열암곡 마애부처님
바로 모시기

발
원
문

지혜와 자비의 빛으로
시방삼세 중생을 구제하시기 위해 오신 부처님께
지극한 마음으로 합장 귀의합니다.

욕심내고 화내고 어리석은 마음으로
분별하고 자기중심으로 살아온 지난날을
참회하옵니다.
성장과 성공, 성취만을 위해 치닫고
물질문명에 휩쓸려가고 있는 저희들의 모습을
참회하옵니다.

지중한 인연으로 나투신 열암곡 마애부처님 전에
간절한 서원으로 기도합니다.
오랫동안 넘어진 채 방치되었던
열암곡 마애부처님을 바로 모시겠습니다.

마애부처님을 바로 모시는 일은
나를 새롭게 일으켜 세우는 것이며
우리 모두의 본성을 회복하는 성스러운 불사입니다.

마애부처님을 바로 모시는 일은
불교의 희망을 새로이 세우는 것이며
문화강국 대한민국을 세계인과 나누는 불사입니다.

마애부처님을 바로 모시는 일은
모든 생명들이 화합 공생하는
생명평화의 길을 열어가는 불사입니다.

마애부처님을 바로 모시는 일은
과거천년을 세워 희망의 미래천년을 여는 것이며
통일신라의 꿈과 비원을 실현하는 거룩한 불사입니다.

지극한 마음으로 합장 발원하오니
온 우주가 감응하고 부처님의 밝은 지혜와 자비로
저희들의 간절한 기도를 섭수하여 주시옵소서.

오늘 기도에 동참하는 모든 불제자들이
지혜와 자비가 충만한 깨달음의 길로 들어서게 하시고
불교 중흥과 국운 융창으로 세상 모든 이들이
평화와 행복의 길로 나아가게 하소서.

나무석가모니불
나무석가모니불
나무 시아본사 석가모니불

다시, 이 땅에서 실현될 부처님 세상

지난 2007년 경주 남산 열암곡에서 쓰러진 마애불이 발견되었습니다. 경주 남산은 신라와 고려시대에 걸쳐 조성된 수많은 석불과 석탑이 모셔져 있는 불교 성지입니다. 그만큼 남산 곳곳에는 우리가 아직 발견하지 못한 유적이 더 남아 있을 것입니다.

그러한 유적지에서 새로운 유물이 발견됐다는 것은 어떤 의미에서 보면 크게 주목받을 일이 아니라고 생각할 수도 있습니다. 하지만 당시 발견된 열암곡 마애불은 다른 유물들과는 차원이 달랐습니다.

사람의 발길이 닿기 어려운 열암곡 경사면에 길이 약 7m, 무게 80t 정도의 기다랗고 육중한 암석이 있었는데, 마애불은 그 암석 바닥에 새겨져 있었습니다. 크기도 크기이지만 불상의 코끝이 지면에서 불과 5cm 정도 아슬아슬하게 거리를 유지한 채 있었다는 사실에 사람들은 놀라움을 금치 못했습니다.

하지만 놀라움은 여기서 그치지 않습니다. 불상이 바닥을 향해 쓰러졌음에도 파손된 부분 없이 완벽하게 보존되어 있었기 때문이죠. 조금만 다른 방향으로 쓰러졌다면 불상은 크게 파손되었을지도 모릅니다. 이처럼 열암곡 부처님의 나투심은 놀라움의 연속이고, 희유한 일이라는 말 외엔 달리 표현할 길이 없습니다.

마애불의 아름다운 자태, 크기, 나무랄 곳 없는 보존 상태 등 이 모든 것들이 언론의 주목을 받기에 충분했습니다. 가히 "세기의 발견"이라며 우리나라 언론뿐만 아니라 해외 언론도 당시의 상황을 크게 보도했습니다.

특히 마애불의 보존 상태가 참으로 불가사의했습니다. 오랜 옛날 지진 때문에 80t이나 나가는 암석이 지면을 향해 엎어졌을 것으로 추정하는데, 불상은 흠집조차 찾기 어려울 만큼 양호했습니다. 상식적으로 좀처럼 이해하기 어려운 일이 우리 앞에 펼쳐진 것입니다. 불교계는 말할 것도 없고, 일반인들도 기적이라며 흥분했습니다.

믿음 없는 자의 눈에는 그저 고대 유물을 발굴한 것과 다를 바 없겠지만, 믿음 있는 자의 눈에는 부처님의 현현(顯現)이었습니다. 모든 것은 연결되어 있다는 불교의 가르침을 아는 이들에게는 시절인연이 닿아 열암곡 마애부처님이 모습을 드러낸 것인지도 모릅니다.

열암곡 마애불이 어떤 부처님인지는 아직 확인되지 않았지만, '아미타불(阿彌陀佛)'일 가능성이 높다고 생각됩니다. 한국을 비롯해 중국, 일본 등 대승불교를 받아들인 나라에서 아미타불은 '구원'을 상징합니다.

아미타부처님은 서방정토에 계십니다. 그곳은 지혜와 기쁨만이 가득한 세계입니다. 아미타부처님은 모든 중생을 구원하는 것이 목표이며, 이를 위해 48개의 큰 서원을 세우셨습니다. 그래서 지금까지도 사람들은 구원받고자 아미타부처님의 이름을 부르며 염불하는 수행 전통을 지키고 있는 것입니다. 아미타불의 명호를 부르는 것만으로도 극락왕생할 수 있다는 불교의 가르침은 분명 고통 받는 중생들에게 큰 위안이 되었을 것입니다.

"나무아미타불"

(아미타부처님께 귀의합니다.)

이번 열암곡 마애부처님의 출현은 많은 것을 생각하게 합니다. 불교에서는 원인 없이 우연히 일어나는 일은 결코 없다고 가르칩니다. 바꿔 말하면 모든 일은 필연이라는 뜻입니다. 열암곡 마애부처님이 지금 이 시기에 우리 앞에 나투신 이유가 필연이라면, 불자들은 그 의미를 곰곰이 생각해봐야 합니다.

우선 자신을 성찰하면서 남을 이롭게 하는 것을 생각해보는 시간을 가졌으면 합니다. 억겁의 시간이

천년을 세우다

걸리더라도 모든 중생을 구원하겠다고 서원하신 아미타부처님의 무량광대한 이타심에 의지하여 선(善)에 한 발짝 더 다가갔으면 하는 바람입니다.

무엇보다 마애부처님을 바로 모시는 과정 자체가 우리를 돌아보는 성찰의 기회가 될 것입니다. 그리고 이 일은 불교계뿐만 아니라 국민 전체의 염원으로 확대되어야 할 것입니다. 이 기회에 부처님의 가르침을 널리 알리고, 이를 계기로 선한 마음을 내는 사람이 한 사람이라도 더 늘었으면 합니다.

그러한 염원을 담아 이 책이 열암곡 마애부처님을 제자리에 모시는 불사에 함께할 수 있는 인연을 만드는 데 조금이나마 보탬이 되고자 합니다.

차례

열암곡의 기적과
세기의 발견

"그것은 5cm의
기적이었다"

2007년의 일입니다. 경상북도 경주시에 있는 남산(南山) 열암곡(洌岩谷)에서 세상을 깜짝 놀라게 한 일이 있었습니다. 산 중턱 경사면에 있는 큰 바위 바닥에서 섬세하게 조각된 불상이 발견된 것입니다. 경주 남산은 통일신라 600년대부터 시작하여 800년대까지 처처에 수많은 불상과 불탑을 조성한 곳입니다.

바위에 새겨진 불상을 '마애불(磨崖佛)'이라고 하는

천년을 세우다

데, 인적이 드문 비탈진 골짜기의 바위 밑면에 이처럼 거대한 불상이 새겨져 있으리라고는 아무도 생각하지 못했습니다.

이 소식이 언론을 통해 세상에 알려지자 반응은 뜨거웠습니다. 국내는 물론이고 전 세계 언론이 이목을 집중했습니다. 영국의 BBC, 프랑스 일간지 〈르몽드〉, 일본의 NHK 등에서 이 소식을 전했고, 특히 〈르몽드〉는 2007년 9월 13일자 신문 1면 머리기사로 싣기도 했습니다.

그날 〈르몽드〉 1면에는 "한국 경주에서 1300년 전 불상이 발견됐다. 그것은 5cm의 기적이었다"라는 문구가 적혀 있었습니다.

불상의 발견 과정도 흥미롭습니다. 당시 국립경주문화재연구소는 열암곡에 있는 석불좌상 보수 작업을 진행하고 있었습니다. 그때 한 연구원의 눈에 길쭉

프랑스 일간지 〈르몽드〉 2007년 9월 13일자 신문 1면에 실린
열암곡 마애부처님 발견 기사. "땅과 불상의 공간은
단 5cm 차이(Ils'en est fallu de cinq centimetres)…"라는
내용이 실렸다.

천년을 세우다

하게 놓인 바위에서 인위적으로 다듬어진 흔적이 포착되었습니다. 무언가 이상하다는 느낌에 조심스럽게 바닥 흙을 걷어내고 틈 사이로 손을 넣어 바위 표면을 더듬거리자 손가락 끝으로 조각품의 촉각이 또렷하게 느껴졌습니다.

이 과정에서 발견된 마애불상의 위치는 석불좌상에서 동남쪽으로 겨우 30m 정도 떨어진 곳이었습니다. 그렇게 통일신라시대에 조성된 거대한 마애불이 기적처럼 모습을 드러낸 것입니다.

경사가 가파르고 숲이 우거져서 사람들의 발길이 뜸한 자리인지라, 애초부터 사람이 바로 옆을 지나간들 쉽게 발견할 수 있는 환경이 아니었습니다. 어느 누가 저 바위 바닥에 이토록 섬세한 불상이 새겨져 있으리라고 생각이나 했을까요. 울창한 숲속 거대한 암석 바닥에 조각된 불상을 발견했을 때 연구원들은 또

40도가량 경사진 곳에 마애불을 새긴 바위가
엎어져 있으리라고는 누구도 상상하지 못했다.
전면(우측)에서 바라본 열암곡 마애불상.

천년을 세우다

얼마나 놀랐을까요.

그때 마애불을 발견한 연구원은 "산삼을 캔 것보다 더 기분이 좋았다"라는 소감을 남겼다고 합니다.

마애불이 새겨진 바위의 무게는 약 80t에 길이는 7m에 달합니다. 마애불상의 크기만 놓고 보면 발아래 대좌까지 5m가 넘습니다.

2007년 당시 유홍준 문화재청장은 "하나의 독립된 돌에 부조한 마애불 중 이렇게 큰 것은 처음 본다. 이유는 모르지만 엎어져 묻혀 있었기에 오히려 보존 상태는 더욱 좋다"라며, "한국 유물이 스케일이 작아서 아쉬울 때가 많았는데 그걸 한꺼번에 씻어준 마애불이다"라는 말로 발굴의 의의를 설명했습니다.

크기만 놓고 보자면 약수계곡 마애입불상(8.6m)과 상선암 삼릉계곡 마애석가여래좌상(6m)에 이어 경주 남산에서는 세 번째로 큰 마애불상인 것입니다.

마애불을 발견한 지점의 주변은 폐사된 옛 절터로 추정됩니다. 규모가 상당했으리라 여겨지지만 150여 곳이 남아 있는 경주 남산의 다른 폐사지와 마찬가지로 기록이 남아 있지 않습니다.

절이 사라지고 불상이 깨져 흩어지는 동안 열암곡 마애불은 오랜 세월 조용히 나투심을 기다리고 있었던 것인지도 모릅니다. 이제부터 큰 가르침을 내려주시겠다는 듯 그렇게 마애부처님은 우리 앞에 모습을 드러내셨습니다.

천년을 세우다

와불이 일어나면
새천년이 밝아온다

세상을 떠들썩하게 한 열암곡 마애부처님의 발견도
시간이 지남에 따라 사람들에게서 서서히 잊혀져갔
습니다. 발견된 지 십수 년이 지나는 동안 문화재청에
서는 쓰러진 마애불을 제대로 모시는 문제를 놓고 고
심을 거듭했습니다.

　무엇보다 바위의 무게가 80t에 달해 마애불을 바
로 모시는 일 자체가 만만치 않았습니다. 가파른 산길
이라 기중기를 가져갈 수도 없는 노릇이었습니다. 자

칫 자연 훼손은 물론이고 무리하게 복원하는 과정에서 불상에 손상을 입힐 가능성도 있었으니까요. 그리고 비용이 많이 드는 점 역시 어려움 중 하나였습니다.

모든 것이 제자리걸음이었습니다. 시간이 흐를수록 발견한 것만으로도 가치가 있다는 주장을 내세우며 제대로 모시기보다는 그냥 그대로 두자는 여론이 점차 우세해졌습니다.

불교계에서는 다방면으로 방법을 모색했습니다. 그러나 이 역시 제자리걸음이었습니다. 외부인의 눈에는 불교계의 절박함이 그저 특정 종교인들의 관심사로만 보였을지도 모르겠습니다. 안타깝게도 답보 상태에서 그렇게 시간은 계속 흘렀습니다.

조계종 제36대 총무원장 원행 스님은 백만원력 결집운동을 통해 열암곡 부처님 바로 모시기를 발원하였고, 이를 바탕으로 제37대 총무원장 진우 스님의 취임으로 이 사업은 본 궤도에 오르기 시작했습니다. 지난 2022년 10월, 진우 스님이 총무원장 임기를 시작한 이후 '경주 남산 열암곡 마애부처님 바로 모시기'를 종단의 주요 종책사업으로 지정하고 강력하게 추진하기로 결의한 것입니다.

총무원장 취임 법회에서 진우 스님은 "경주 남산 마애부처님을 이제라도 바로 모셔야 하겠습니다"라는 말로 '열암곡 마애불 바로 모시기' 불사의 굳은 의지를 보이셨습니다. 같은 달 박보균 문화체육관광부 장관이 예방한 자리에서는 "마애부처님을 바로 모심으로써 국운 창성의 계기를 만들었으면 합니다"라는 말로 정부 관계자에게 종단의 의지를 피력했습니다.

총무원장 진우 스님은 2022년 11월 〈중앙일보〉 인터뷰를 통해 "경주 남산에는 오랜 세월 쓰러져 계신

'경주 남산 열암곡 마애부처님 바로 모시기' 고불식이
2022년 10월 31일 경주 남산 일원에서 봉행됐다.

©불교신문

고불식에서 총무원장 진우 스님과 종단 주요 스님들이
마애부처님께 108배를 올리고 있다.

마애부처님을 온전히 모시기 위한 사부대중의 간곡한 원력이 모였습니다"라면서 "지금 이 자리, 간절한 서원으로 마애부처님을 바로 모셔 천년을 세우기 위한 첫걸음을 시작합니다"라고 선언했습니다.

이어 2023년 1월 총무원장 신년 기자회견에서는 "경주 남산 열암곡에 쓰러져 있는 마애부처님을 바로 모셔 과거천년을 세우고자 합니다"라는 말로 경주 남산 열암곡 마애불을 세상에 다시 공론화하였습니다.

언론과의 소통과 더불어 2022년 10월 31일에는 열암곡 일원에서 '경주 남산 열암곡 마애부처님 바로 모시기' 고불식을 봉행했습니다. 고불문에서는 "지금 이 자리에서 간절한 서원으로 마애부처님을 바로 모셔 천년을 세우기 위한 첫걸음을 시작합니다. 누워 있는 천년을 일으켜 세워, 미래천년을 만들어나가기 위한 거룩하고 당당한 발걸음에 온 우주 법계가 감응하길

천년을 세우다

간절히 청합니다"라고 부처님께 고했습니다.

긴 시간 엎드려 계신 부처님을 바로 모시는 일에 총무원장 진우 스님은 '진심'입니다. 반드시 바로 모시겠다는 강한 의지를 보여주셨습니다. 고불식에 모인 사부대중 앞에서 총무원장 진우 스님은 이렇게 말씀하셨습니다.

"이 거룩한 부처님을 지금까지도 쓰러진 채로 놔두는 것은 우리의 자존심에 문제가 있습니다. 1300년이 넘는 이 소중한 우리의 문화자산을 이렇게 넘어진 모습으로 본다는 것은 정말 말이 안 됩니다. 아울러 불교 또한 이 찬란한 신라시대 부처님을 제자리로 모심으로써 우리 불교 중흥에 역사적인 재도약의 시점이 될 것입니다."

이날을 기점으로 열암곡 마애부처님 바로 모시기

대작불사는 속도를 내기 시작했습니다. 2023년 1월 11일 '천년을 세우다' 추진준비위원회 발족식이 열리고, 비로소 거룩한 불사의 첫발을 뗀 것입니다. 총무원장 진우 스님은 준비위원들에게 일일이 위촉장을 전달하며 힘을 모아달라고 당부했습니다.

'천년을 세우다' 대작불사는 열암곡 마애부처님 바로 모시기를 비롯해 명상센터 건립, 미래세대 인재 양성, 지역불교 활성화 사업도 함께 진행하고 있습니다. 여기에는 과거천년을 바로 세워 미래천년을 열겠다는 의미가 함께 담긴 것입니다.

진우 스님은 누구를 만나든 열암곡 마애부처님을 바로 모셔야 하는 이유를 간곡하게 설명하고, 또 설득해 나갔습니다. 마애불상은 우리 불교의 보물이자 문화재이며, 그것을 바로 모시는 것은 불교의 존엄성과 역사성을 되찾는 일이기도 하니까요.

©현대불교신문

2023년 4월 19일 조계사에서
'천년을 세우다' 추진위원회 출범식이 열렸다.

©현대불교신문

조계종 총무원장 진우 스님이
'천년을 세우다' 추진위원회 출범식에서 출범사를 하고 있다.

　　　　　　　　　　　천년을 세우다

이 같은 원력에 열암곡 마애불을 향한 정성이 전국 사찰과 불자의 동참으로 이어지면서 총무원장 진우 스님의 보폭은 점차 확대되어 갔습니다.

드디어 2023년 4월 19일, 더디기만 하던 열암곡 마애부처님 바로 모시기 불사를 위해 '천년을 세우다' 추진위원회를 설립하고 출범식을 가졌습니다. 이로써 조계종단과 사부대중이 한국불교 중흥의 새로운 장을 여는 그 거룩한 첫걸음을 뗀 것입니다. 사부대중의 원력과 동력을 결집하는 토대가 마련된 것이죠.

'열암곡 마애부처님 바로 모시기 불사'를 단순히 종단이 추진하는 많은 일 가운데 하나 정도로 생각한다면 성공을 장담할 수 없을 것입니다. 스님과 불자 모두가 '내 일'이라 생각하고 마음을 모아야 할 때입니다. 그것이 바로 우리 불교를 바로 세우는 일이니까요.

기적이 기적을 부르다

열암곡 석불좌상과 마애불상을 참배하는 이들이 열암곡 골짜기를 오르기 위해서는 경주국립공원 열암곡(새갓골) 주차장까지는 차로, 이후부터는 걸어서 가야 합니다. 지도상 직선거리는 709m이며, 걸어서 오르면 여유롭게 30분 정도 걸립니다. 산행을 즐기지 않는 사람이라도 쉬엄쉬엄 갈 생각으로 오른다면 무리가 없는 거리입니다.

이곳은 현재 총 세 곳의 절터가 확인되었습니다.

열암곡 마애불상을 향해 오르다 보면 먼저 열암곡 제
1사지를 만나게 됩니다. 자연 암반에 석축을 쌓아 작
은 평지를 만든 사지입니다. 그 옆에 제2사지가 있는
데 눈으로 확인하기는 힘듭니다.

작은 길을 따라 100m 정도 오르면 새로 정비한
석축이 보이고 제3사지의 열암곡 석불좌상이 반겨줍
니다. 석불좌상 옆으로 큰 덮개에 보호받는 바위가 보
이는데, 가까이 가면 엎어져 계신 열암곡 마애불상의
얼굴과 옆모습이 보입니다.

열암곡 제1, 제2사지는 열암곡 석불좌상과 마애불
상이 있는 제3사지의 부속 사찰 터로 추정됩니다. 해
발 300m 정도에 위치하는 제3사지 사찰은 8세기 중
반에, 열암곡 석불좌상과 열암곡 마애불상은 8세기
후반에 조성된 것으로 추정됩니다.

제3사지는 정비가 끝나기 전에는 잡목과 산죽(山

竹)들이 울창하여 불상이 있던 자리 이외에는 접근이 어려웠던 곳입니다. 발굴 결과 건물의 흔적을 두 곳에 서 확인할 수 있었습니다.

열암곡 석불좌상이 있던 금당의 건물은 석불좌상 을 중심에 두고 정면 3칸 측면 3칸의 건물로 조성하 였는데, 후기에 와서 정면 3칸 측면 2칸으로 축소되 었습니다. 금당 중앙 부분 대좌를 놓은 기초부는 대 좌의 바닥 부분 흙을 파고 적당한 돌을 깐 이후 그 위 에 점토를 다진 흔적이 나타납니다. 경사지에 평평한 장소를 만들기 위해 네 군데에 축대 시설을 두었는데, 이는 건물을 세우기 위한 것이며, 4개의 축대는 계단 식으로 만들었습니다.

여기서 잠시 열암곡 마애불이 발견된 과정을 좀 더 자세히 살펴보겠습니다. 마애불이 발견된 곳에서

천년을 세우다

30m 정도 떨어진 곳에는 열암곡 석불좌상이 자리하고 있습니다. 이 석불좌상도 안타까운 사연이 있는 유물 가운데 하나입니다. 왜냐하면 불두가 없고 광배(光背) 역시 대부분 파괴된 채 남아 있었기 때문입니다. 그런데 2005년 석불좌상이 있던 자리 아래의 계곡에서 기적적으로 불두가 발견되었습니다.

당시 경주남산연구소 회원 임희숙 씨와 배만수 씨는 열암곡 석불좌상이 흩어져 있던 주위를 답사하던 중 40m 정도 아래 계곡가에서 턱 부분이 훼손된 불두를 발견하였습니다. 이후 국립경주문화재연구소에 열암곡 석불좌상의 불두인지 확인을 요청하였는데, 파괴된 석불좌상의 목 부분을 석고로 떠서 맞춰본 결과 사라진 불두가 맞다는 것을 확인하였습니다.

이후 2007년까지 열암곡 석불좌상이 있던 사찰터의 발굴조사가 이루어졌고, 석불좌상을 중심으로 건물터 등 유구가 드러났습니다. 건물지는 두 차례 개축한 것으로 밝혀졌으며 사찰 터를 확보하기 위해 쌓은 석축 또한 두 차례 개축한 것으로 확인됐습니다.

이러한 사실을 확인한 경주시에서 열암곡 석불좌상의 보수와 정비 계획을 수립하고 석불좌상의 복원뿐 아니라 열암곡 석불좌상이 있던 사찰 터의 정비 계획을 함께 세워 대대적인 정비가 이루어졌습니다. 그리고 이 과정에서 기적적으로 열암곡 마애불이 발견되었습니다.

석불좌상의 불두가 발견되지 않았더라면 마애불의 발견도 없었을 것입니다. 실로 기적이 또 다른 기적을 낳았다고 말해도 지나침이 없을 것입니다.

사실 마애불상이 발견된 곳은 애초 석불좌상의 조사 지역이 아니었습니다. 국립경주문화재연구소 조사단이 열암곡 제3사지 사찰 터의 출입 동선을 확인

천년을 세우다

불두가 사라진 열암곡 석불좌상과
그 주변에 대한 발굴 작업이 진행되는 과정에서
열암곡 마애불상(노란 점선 부분)이 발견되었다.

하기 위해 주위를 조사하던 중 박소희 연구원과 채무기 연구원이 우연히 발견한 것입니다.

박소희 연구원의 눈에 길쭉하게 엎어져 있는 바위에서 인공적으로 다듬어진 흔적이 보였습니다. 바위 주위에 쌓여 있던 나뭇잎과 가지들을 걷어내자 가공된 흔적이 확인되었고, 본격적으로 확인 작업을 거쳐 가슴과 어깨 그리고 다리와 대좌가 모습을 드러냈습니다. 이윽고 흙에 덮인 마애불상의 얼굴이 드러났습니다.

열암곡 마애불이 새겨져 있는 바위는 무게 80t, 높이 6.2m, 두께 1.9m이고, 폭은 2.5m입니다. 이러한 거대한 바위에 고부조(高浮彫, 평면에서 모양이나 형상을 매우 도드라지게 표현한 부조)의 마애불상이 조각되어 있는데, 머리에서 발까지는 총 4.6m이고 발아래 연화대좌까지는 1m에 달합니다.

천년을 세우다

발굴 작업으로
서서히 모습을
드러내는
열암곡 마애부처님
얼굴.

무엇보다 불가사의한 상황은 이 거대한 불상이 40도 경사면 위에 아래를 향해 거꾸로 땅을 보고 누워 있는데도 코가 5cm 사이를 두고 지면 바위와 떨어져 있다는 점입니다. 어쩌면 땅을 향해 넘어진 덕분에 처음 조성된 모습 그대로 보존될 수 있었던 것인지도 모릅니다. 또한 조성 당시의 모습 그대로인 불상이라는 점에서 열암곡 마애불은 한국불교 미술사에서도 중요합니다.

그동안 경주 남산에서 발견된 석불좌상과 다른 마애불상들은 세월과 인위적 훼손 때문에 얼굴의 원형을 알 수 없는 것들이 대부분입니다. 그런데 열암곡 마애불은 조성된 지 얼마 지나지 않아 얼굴 정면이 땅을 향해 쓰러졌기에 당시의 모습 그대로 보존될 수 있었습니다.

나발이 없는 민머리에 육계는 높이 솟아 있으며,

천년을 세우다

콧날의 오뚝함은 통일신라시대의 불상임을 짐작하게 해줍니다(참고로 지금까지 확인된 통일신라의 석불은 대부분 코가 닳아서 거의 사라진 상태입니다).

눈은 아래를 향해 내리뜨고 있고 입술은 도톰하며, 귀는 어깨에 닿을 정도로 매우 크게 조각되어 있습니다. 어깨는 넓어서 가슴을 활짝 편 당당한 모습을 보입니다.

수인(手印, 손의 모양)은 시무외인(施無畏印, 오른손을 위로 올려 손바닥을 밖으로 향하는 모습의 수인으로, 두려워하지 말라는 뜻을 지니고 있다)과 여원인(與願印, 왼손을 밑으로 하여 소원을 받아들인다는 뜻의 수인이다)을 하고 있습니다. 왼손은 가슴에 오른손은 아래를 향하고 있는데, 두 손 모두 손등을 보이고 있는 것이 아주 특이합니다. 이는 경주 남산 왕정골 출토 석조불입상을 비롯해 극히 드물게 확인되는 수인이기도 합니다.

법의는 오른쪽 어깨를 보이고 왼쪽 어깨를 감싼

2007년 발견 당시 열암곡 마애불상이 새겨진 암석 모습.
땅을 향해 넘어진 덕분에 처음 조성된 모습 그대로
보존될 수 있었는지도 모른다.

천년을 세우다

편단우견(偏袒右肩)을 착의하고 있으며, 발목까지 내려온 옷 주름은 9단으로 접혀 있습니다. 두 발은 바깥을 향해 있고, 연화대좌는 다섯 장의 연꽃잎이 위로 향한 앙련(仰蓮)으로 조각되어 있습니다.

마애불상은 몸통에 비해 머리가 크고 다리가 짧은 4등신의 비율을 보이는데, 이것은 참배자가 마애불상을 밑에서 우러러볼 때의 시각 처리를 고려해 조성된 것으로 추정됩니다. 고부조로 조각되어 볼륨이 강한 상호를 보이며 길다란 눈매에 당당한 어깨는 통일신라 8세기 후반의 조형미를 보입니다.

미술사적으로도 경주 남산의 삼화령 삼존불, 배리 삼존불 그리고 석굴암 본존불상의 조형미를 이어가는 중요한 불상이라 하겠습니다.

열암곡 마애부처님을
바로 모셔야 하는 이유

역사 속 조성된 유물과 유적은 시대정신이 구현된 문화유산입니다. 역사는 잘못된 행동은 반성하고 미래를 향해 나아가는 올바른 방법을 알려주는 지침이고, 현재를 살아가는 이들에게 자부심을 키워주는 원동력입니다. 그렇기에 옛 모습을 구현할 수 있는 찬란한 불교 문화유산은 복원되고 재현되어야 합니다. 복원되고 재현될 문화유산은 미래를 향해 나아갈 긍정적 힘을 주기 때문입니다.

천년을 세우다

우리는 전 세계가 놀라워하는 불교 문화유산을 가지고 있지만 복원 및 활용에는 소극적입니다. 경주 황룡사지의 황룡사 구층목탑이 대표적입니다.

황룡사 구층목탑은 643년 한국불교의 틀을 만든 자장율사가 선덕여왕에게 건의하여 조성한 82m 높이의 목탑으로, 효소왕 7년(698) 벼락으로 손상되어 중수한 이래 계속 보수가 이어져 오다 1238년 몽고의 침략으로 불에 타 사라져버리고 맙니다.

다행히 이에 관한 연구가 충분히 이루어진 덕분에 황룡사와 황룡사 구층목탑이 모형으로 만들어져 현재 국립경주박물관과 황룡사역사문화관에 전시되어 있습니다. 아울러 황룡사 금당과 불상 그리고 전체 사찰의 모습도 확인할 수 있습니다.

그러나 광활한 황룡사 폐사지에는 옛 쓸쓸함만이 남아 있습니다. 전문가라면 그곳에 서서 옛 모습을 상상하는 게 가능할지 모르겠지만, 대다수 사람은 그저 넓은 폐사지로만 기억될 뿐입니다.

황룡사는 불국사와 함께 신라를 대표하는 사찰이며, 백제의 미륵사, 고구려의 정릉사와 함께 삼국시대를 대표하는 호국사찰입니다. 이처럼 역사적 의미가 깊은 황룡사지에서 옛 모습을 재현한 웅장함을 보며 역사의 자부심을 얻는 게 나을지, 아니면 폐사지를 보면서 안타까운 마음을 느끼는 게 나을지 모두가 한 번쯤 진지하게 고민해봐야 합니다.

역사는 오늘을 살아가는 사람들에게 교훈과 자부심과 반성의 기회를 줘서 앞으로 나아갈 수 있게 해주는 힘이 됩니다. 한국불교를 대표하고 신라 불교를 대표하는 황룡사 구층목탑은 이제라도 복원 연구와 함께 재현을 위한 최선의 노력이 이루어져야 합니다. 우리의 경제력과 기술력, 학문적 연구의 성과는 문화재

천년을 세우다

의 복원과 재현을 이루기에 전혀 부족함이 없습니다.

하지만 열암곡 마애불상을 비롯해 문화유산의 복원 자체를 반대하는 목소리가 곳곳에서 들립니다. 일부에서는 '지금 있는 그대로가 역사'라는 주장을 합니다. 즉 원형이 확인되지 않은 상태에서의 복원은 문화재 파괴라는 입장입니다.

물론 무너지고 폐허가 된 지금의 모습도 우리가 잘 보존해야 할, 그래서 후대에 보여주고 물려주어야 할 역사라는 주장도 충분히 가치가 있습니다. 그러나 복원의 기준이 없다고 무조건 반대하고 나서는 것은 찬란한 역사문화를 지하창고에 묻어두는 것과 다를 바가 없습니다.

역사 속 찬란한 문화유산과 자부심을 다음 세대에 알려줄 이유가 분명하다면 지금이라도 최선의 기술로 복원 및 재현하려는 노력이 필요하지 않을까요.

열암곡 마애불상은 불교계만의 문화유산이 아닌 대한민국의 문화유산이며 전 세계의 문화유산입니다. 한 나라의 문화는 민족의 자부심을 바탕으로 합니다. 현재 우리나라의 국력과 기술력으로 열암곡 마애부처님을 바로 모시지 못한다는 것은 부끄러운 일입니다. 한국 불교계의 염원으로 모인 '열암곡 마애부처님 바로 모시기'는 시대의 요청이며 우리가 함께 이루어야 할 역사적 소명입니다.

화강암 바위를 깎고 다듬어서 부처님 세상 불국정토를 이루어낸 옛 통일신라의 염원이 이곳 경주 남산에 깃들어 있습니다. 더불어 열암곡 마애부처님은 통일신라 모든 민중의 염원이 구현된 부처님이란 사실을 우리 모두 가슴 깊이 새겨야겠습니다.

열암곡 마애부처님의
원래 자리는 어디일까

일부 학자들 사이에서 의견이 나뉘기는 하지만 마애
불상이 원래 세워져 있던 위치는 지금의 바위를 그대
로 세우면 되는 그 자리로 판단됩니다. 이유는 다음
과 같습니다.

마애불상이 엎어져 있는 경사면은 40도에 이르며,
바로 뒤로 바위들이 드러나 있습니다. 이 바위들은 서
로를 받치며 촘촘히 경사를 이루고 있습니다. 마애불
상이 바닥에 닿은 부분을 보면 당시 땅에 닿은 부분

에만 손상이 보이고 땅에 닿지 않은 조각 부분에는 전혀 손상이 없습니다.

　이것은 넘어질 때 땅에 닿은 부분만 손상이 이루어지고 그 이외의 부분은 훼손이 없었다는 뜻으로, 넘어진 그 상태에서 아무런 변동도 없었다는 것을 의미합니다. 즉 넘어진 상태에서 땅 아래로 움직인 것이라면 현재 보이는 조각 면에도 긁히고 까인 자국이 남아 있어야 하는데 마애불상에는 그런 흔적이 보이지 않습니다. 이러한 상황을 통해 마애불상은 넘어진 그 상태로 발견되었으며, 일으켜 세운 그 자리가 원래 세워져 있던 자리라는 것이 확인됩니다.

　한편, 마애불상이 넘어진 이유는 지진 때문인 것으로 추정됩니다. 마애불이 서 있었을 것으로 예상되는 장소 뒤의 바위들을 보면 지진의 흔들림으로 이 바위가 앞에 있는 마애불상을 덮친 것으로 확인되기 때문입니다. 다만 정확한 시기는 확정하기가 힘듭니다.

《삼국사기》에 기록된 신라시대 지진에 관한 언급은 64년을 시작으로 932년까지 총 53차례가 나옵니다. 마애불상은 8세기 중반 이후 조성된 것으로 보이며, 혜공왕 15년(779)에 집이 무너지고 죽은 사람이 백여 명에 이르는 심각한 지진이 있었다고 기록되어 있습니다. 만약 이때 지진으로 마애불상이 넘어졌다면 8세기 후반의 조형미를 보이는 열암곡 마애불상은 조성되자마자 넘어진 셈이 됩니다.

《고려사》를 보면 1012년에서 1015년 사이 집중적으로 경주에 지진이 여섯 차례 일어난 것으로 나타납니다. 1012년 음력 3월 3일에 지진이 있었는데, 같은 해 음력 5월 2일 황룡사 구층목탑을 수리했다는 기록이 있습니다. 또한 1966년 석가탑 해체 수리를 하던 중 사리외함 바닥에서 발견된 응고된 상태의 묵서지

편(墨書紙片, 종이뭉치)에 고려 현종 14년(1024)과 정종 4년(1038)에 석가탑을 중수한 기록이 확인됩니다.

이때 발견된 〈불국사무구정광탑중수기〉에는 1022년에서 1024년 사이에 지금의 석가탑인 무구정광탑을 중수한 기록이 있으며, 〈불국사서석탑중수형지기〉에는 1036년과 1038년에 지진이 발생해 탑이 무너져 보수한 기록이 있습니다. 이것만 봐도 고려시대까지 경주에 지진이 자주 일어났음을 알 수 있습니다.

《조선왕조실록》에 따르면 조선시대에도 1500년에서 1599년까지 경주에 총 일곱 차례 지진이 일어난 사실이 확인됩니다. 하지만 어느 시기의 지진으로 열암곡 마애불상이 무너졌는지는 문헌상으로 확인할 길이 없습니다.

그러다가 2018년 한국건설기술연구원의 조사보고서에서 주변 암석 노출에 따른 연도 측정을 한 결과

천년을 세우다

1550년 무렵 주변의 암석이 노출된 것으로 파악되었으며, 열암곡 마애불상은 이 무렵에 넘어졌을 것으로 추정한 바 있습니다. 하지만 2023년 7월 25일 경주시와 문화재청 등이 개최한 '경주 남산 열암곡 마애불상 보존관리 학술세미나'에서 암석 표면의 노출 연대, 즉 암석이 햇빛을 언제부터 보기 시작했는지를 분석한 결과 1050년±317년(733년부터 1367년)이라는 결과를 얻어냈습니다. 그렇다면 열암곡 마애부처님이 넘어진 채로 있었던 기간이 더 길어지는 셈이 됩니다.

열암곡 마애불에 관한 문헌 기록이 전혀 남아 있지 않은 가운데 모든 것은 추측에 불과합니다. 하지만 불상이 쓰러진 가장 큰 원인이 지진이라는 데는 이견이 없습니다. 따라서 열암곡 마애부처님을 바로 모시기만 한다면 다시 어딘가로 옮길 필요 없이 사실상 복원이 마무리되었다고 해도 무방할 것입니다.

경주 남산의
부처님 세상

경주 남산이라는
불교 성지

천년 고도 경주에는 무너지지 않는 천년의 불심 경주
남산이 있습니다. 아득한 옛날부터 기도하는 이들의
발길이 끊이지 않은 신령스러운 곳입니다. 당시 신라
인들은 봉우리마다 탑을 세우고 바위마다 부처님을
새겨 넣었습니다.

거북이 모양을 한 길상의 산.
경주 시내 어디에서나 보이는 평범하면서도 아주

천년을 세우다

특별한 산.

남산을 보지 않고는 경주를 봤다고 할 수 없을 정도로 남산에는 신라의 정신, 신라인의 마음이 그대로 담겨 있습니다. 게다가 불국사와 함께 유네스코 세계 문화유산으로 등재되면서 남산을 찾는 이들도 점차 늘어나고 있습니다.

요즘 사람들은 경주 남산을 '야외 불교 박물관' 혹은 '노천 박물관'이라고 부를 만큼 우리에게는 아주 특별하고 소중한 산입니다.

신라 사람들에게 남산은 불교가 들어오기 이전부터 신앙의 대상이었습니다. 오랜 옛날부터 자신들을 지켜주는 자연 신으로서 기이한 모양의 바위들을 신앙의 대상으로 삼았습니다.

그러다가 불교가 들어오면서 사람들은 바위에서 부처님을 찾기 시작했습니다. 바위마다 불상을 새기며 남산을 장엄해나갔습니다. 불심으로 바라보는 바위는 그대로 부처님이었습니다. 저마다의 믿음으로 불보살을 모셨고, 불보살님 앞에서 서원을 다지며 행복을 기원했습니다.

서서히 경주 남산 전체가 불국토로 변모해갔습니다. 깎아지른 절벽에도 우뚝 솟은 바위에도 신성한 곳이라면 어디든 부처님을 모셨습니다. 불국토를 위한 신라인의 서원은 굳건했고, 석공들의 열정은 남산으로 모였습니다.

"남산에서는 구르는 돌 하나도 문화재급"이라는 말처럼, 오늘날 남산에는 봉우리마다 골짜기마다 불교 문화재가 산재해 있습니다. 지금까지 발굴된 불교 유적만 해도 불상이 129구, 탑이 99기, 확인된 절터만 150여 곳에 이릅니다.

경주 남산처럼 산 정상부(봉우리)에서 산 능선, 산

골짜기에 이르기까지 거의 모든 장소에 사찰, 마애불, 석탑, 석불상이 집중되어 조성된 곳은 세계 어디에도 없을 것입니다. 이러한 점에서 남산은 세계적인 불교 성지라고 해도 과언이 아닙니다.

어쩌면 지금 이 시기에 열암곡 마애불상이 발견되었다는 것은 부처님의 위대한 가르침을 깊이 되새기고 전 세계에 알리라는 뜻인지도 모르겠습니다. 그래서 남산의 부처님 세상, 불국정토를 이룩하라고 천년 만에 잠에서 깨어나시려는 것인지도 모릅니다.

우리가 경주 남산을
알아야 하는 이유

신라 불교 유적의 보고(寶庫), 경주 남산에 가면 예술로 승화된 신라인의 불교 신앙과 자연의 아름다움을 함께 느낄 수 있습니다. 남산에는 골짜기마다 귀한 불상과 탑이 가득합니다. 그래서 '불곡(佛谷)', '탑곡(塔谷)'이라는 골짜기 이름도 생겨났습니다. 불상의 모습도 획일화되지 않고 다양하기 그지없습니다.

바위마다 부처님을 모시면서 골짜기와 능선, 봉우리는 차츰 부처님 세상 불국정토로 장엄해나갔습니다. 그리하여 경주 남산은 신라의 사부대중 한 사람 한 사람이 저마다 믿음을 가지고 부처님을 모시는 신앙의 구심점이 되었습니다.

경주 남산 곳곳에 흩어져 있는 석조 불상과 불탑을 보면 통일신라시대의 조각 기술이 얼마나 발달했는지를 알 수 있습니다.

경주 남산은 대부분이 화강암으로 이루어진 바위산입니다. 화강암은 마그마가 지하 깊은 곳에서 천천히 식으면서 만들어진 암석으로, 단단하고 밀도가 높아 조각하는 일 자체가 대단히 어렵습니다. 가장 단단한 암석 중 하나이기 때문에 화강암을 조각하려면 특별한 도구가 필요하고, 따라서 조각가는 매우 숙련되어야 합니다.

당시는 불교를 숭상한 시대였고, 사찰을 비롯해

많은 불사가 이루어진 시기였기 때문에 당연히 불교 조각을 위한 전문 조각가를 육성했을 것입니다. 또한 단단한 돌을 깎기 위해서는 금속 연장 기술도 발달했을 것입니다.

여기서 화강암을 다듬을 수 있을 만큼 밀도 있고 정밀한 철을 만들었다는 사실도 함께 유추할 수 있습니다. 자료를 조금만 찾아봐도 고대사회 우리 조상들의 기술과 예술성이 얼마나 대단했는지를 바로 확인할 수 있습니다.

이토록 대단한 문화유산을 품고 있는 남산을 잘 가꾸고 보존하면 세계에 자랑할 수 있는 문화 상품이 되고도 남을 것입니다. 아는 만큼 보인다고 했습니다. 경주 남산을 알아야 애정이 생기고, 그때 비로소 좋은 아이디어들도 나올 수 있습니다.

어쩌면 마애부처님이 지금 우리 앞에 모습을 드러

내신 것도 이런 이유 때문인지도 모르겠습니다. 우리 선조가 남긴 문화유산을 우리가 너무 모르고 관심을 기울이지 않았다는 사실이 안타까우셨던 것은 아닐까요.

지금이라도 힘을 모아 경주 남산을 알리고, 위대한 문화유산의 매력에 모두가 흠뻑 빠지는 날이 하루빨리 왔으면 하는 바람입니다.

경주 남산 순례길에서 만나는
부처님 세상

이제부터는 경주 남산을 대표하는 불상과 불탑, 마애
불을 살펴볼 수 있는 순례 여행을 떠나봅시다.

◎ 열암곡 마애부처님을 만날 수 있는 순례길

> 열암곡(새갓골) 주차장 → 열암곡 마애불상 → 열암곡
> 석불좌상 → 침식곡 석불좌상 → 신선암 마애보살반
> 가상 → 칠불암 마애불상군 → 남산동 동·서 삼층석탑
> → 통일전 주차장　　　　　(※ 소요시간 3~4시간)

　　　　　　　　　　　　　　천년을 세우다

통일전 주차장
(도착)

남산동
동·서 삼층석탑

염불사지

칠불암 마애불상군

신선암 마애보살반가상

칠불암

봉화곡

침식곡 석불좌상

열암곡 석불좌상
열암곡 마애불상

열암곡

열암곡 주차장
(출발)

열암곡 마애불상

열암곡 마애부처님은 2007년 열암곡 석불좌상을 복원하는 과정에서 발견되었습니다. 발견 당시 부처님 콧날과 지면 사이가 5cm에 불과해 '5cm의 기적'이라고도 불립니다. 통일신라 8세기 후반 조성된 것으로 추정되며, 대좌(臺座)를 갖추고 돋을새김으로 새겨진 마애불입니다.

©국립경주문화재연구소

천년을 세우다

열암곡 석불좌상 | 경상북도 유형문화재

 발견 당시 불상의 파괴가 심각하고 불두가 사라진 상태였으나 2005년 석불좌상이 있던 자리 밑 계곡에서 기적적으로 불두가 발견되어 복원 작업이 이루어졌습니다. 세련된 옷 주름 표현, 연꽃무늬 대좌, 화려한 광배 등으로 보아 8세기 말에서 9세기 초 작품으로 추정됩니다.

ⓒ조계종출판사

침식곡 석불좌상 | 경상북도 유형문화재

석수암 폐사지에 있는 침식곡 석불좌상은 현재 불두가 사라진 상태입니다. 8세기 불상의 생동감이 사라진 신라 말기의 불좌상으로 삼단대좌의 전형을 갖추고 있으며 목의 삼도(三道)가 뚜렷이 보입니다. 왼손은 손바닥을 보이며 배에 대고 있고, 오른손은 손등이 보이면서 손끝은 땅을 향하고 있는 촉지인을 하고 있습니다.

©문화재청

천년을 세우다

신선암 마애보살반가상 | 보물

1.9m 높이의 신선암 마애보살반가상은 절벽의 바위 한 면을 감실처럼 파고 들어가서 보살상을 조성하였습니다. 머리에 삼면보관(三面寶冠)을 쓰고 있고, 옷주름 장식이 화려하며, 전반적으로 풍만하고 친근한 분위기를 자아냅니다. 보관 중앙에 아미타부처님을 모신 것으로 보아 관세음보살님으로 추정됩니다.

ⓒ문화재청

칠불암 마애불상군 | 국보

　남산의 유일한 국보이자 가장 규모가 큰 불상군으로, 칠불암이라는 이름도 사방에 불상을 모신 바위와 그 한편에 우뚝 서 있는 아미타 삼존불(三尊佛) 때문에 붙여졌습니다. 본존불인 석가여래좌상과 좌우에 협시보살이 있는 삼존불은 산비탈의 바위 면에, 연꽃무늬 대좌 및 두광을 갖춘 사방불은 그 앞 돌기둥에 조각되어 있습니다.

남산동 동·서 삼층석탑 | 보물

통일신라시대 때 조성된 쌍탑 대부분이 똑같은 모습을 띠고 있는 것과 달리, 남산동 동·서 삼층석탑은 두 탑이 서로 다른 모양을 띠고 있습니다. 통일신라시대 쌍탑 가운데 두 탑의 모양이 다른 경우는 불국사의 석가탑·다보탑과 화엄사의 동·서 오층석탑이 있습니다. 동탑은 높이가 7.04m이고 서탑은 5.55m로 동탑이 좀 더 높습니다.

◎ 가장 많은 문화재를 탐방할 수 있는 순례길

서남산(삼릉) 주차장 → 냉곡 석조여래좌상 → 삼릉
계곡 마애관음보살상 → 삼릉계곡 선각육존불 →
삼릉계 석조여래좌상 → 삼릉계곡 선각여래좌상 →
삼릉계곡 마애석가여래좌상 → 금오봉 정상(용장
골) → 용장사곡 삼층석탑 → 용장사지 마애여래좌
상 → 용장사곡 석조여래좌상 → 용장 주차장

(※ 소요시간 3~4시간)

천년을 세우다

삼릉 주차장
(출발)

삼릉계곡
마애관음보살상

삼릉계곡 선각여래좌상

삼릉계곡 선각육존불

삼릉
냉곡
석조여래좌상

삼릉계
석조여래좌상

삼릉계곡
마애석가여래좌상

금오봉 (용장골)

용장사곡 삼층석탑

용장사지
마애여래좌상

용장사지

용장사곡
석조여래좌상

용장 주차장
(도착)

용장골

냉곡 석조여래좌상

　삼릉계곡 입구에서 가장 먼저 뵙는 부처님으로, 현재는 불신만 남아 있습니다. 50여 년 전에 발견되어 지금의 자리에 옮겨놓았다고 합니다. 불두가 사라져서 상호(相好)는 볼 수 없지만, 몸에 새겨진 조각의 섬세함은 그 자체로 신령스러움을 느끼게 해줍니다.

©문화재청

삼릉계곡 마애관음보살상 | 경상북도 유형문화재

바위의 윗부분을 깎아 들어가서 양각의 돋을새김을 한 입상으로, 얼굴과 몸의 상체 부분이 하체보다 입체감 있게 조각되었습니다. 바위 자체가 광배의 역할을 하고 있으며 왼손을 내려 정병을 들고 오른손은 가슴에 대고 있습니다. 삼릉계곡 마애관음보살상은 경주 남산에서도 손에 꼽히는 단아한 자태를 뽐냅니다.

ⓒ문화재청

삼릉계곡 선각육존불 | 경상북도 유형문화재

　삼릉계곡 선각육존불은 웅장한 바위에 새겨져 있습니다. 서쪽 바위에는 여기서만 확인되는 독특한 수인(설법인)을 하고 서 계신 아미타부처님(석가모니부처님으로 보기도 한다)과 좌우에 무릎을 꿇고 앉아서 공양물을 올리는 보살님이 새겨져 있고, 동쪽 바위에는 가부좌를 취하고 앉아 계신 석가모니부처님과 좌우에 두 보살님이 서 계십니다.

ⓒ문화재청

삼릉계 석조여래좌상 | 보물

　일제강점기 당시 불두는 골짜기에서 발견되고 광배와 불신도 분리되어 방치되다가 1923년 정확한 고증 없이 보수한 이후 2008년 지금의 모습으로 복원하였습니다. 광배에는 보주형의 두광과 원형의 신광이 새겨져 있고, 대좌는 위를 향한 앙련의 연꽃무늬 상대석과 중대석 8면에 눈 모양의 안상(眼象)을 조각하였습니다. 통일신라시대 8세기 작품으로 추정됩니다.

삼릉계곡 선각여래좌상 | 경상북도 유형문화재

 삼릉계곡 선각여래좌상은 매우 크고 넓은 바위 중앙에 새겨진 높이 5.2m의 마애불상입니다. 바위 중간에 가로로 균열이 있는데, 균열 윗부분에는 불좌상을, 아랫부분에는 연화대좌를 새겨서 자연스러운 조화를 이루고 있습니다. 홈을 파서 표현한 눈과 뭉툭한 코, 두툼한 입술은 경외감을 주기보다 우리 주변 어디에나 있을 법한 친근한 부처님 형상입니다.

삼릉계곡 마애석가여래좌상 | 경상북도 유형문화재

삼릉계곡 마애석가여래좌상은 삼릉곡 가장 높은 곳에서 중생을 굽어살펴주는 부처님입니다. 높이 6m 의 불좌상은 거대한 바위에 부처님 몸을 선각으로 새겼지만, 부처님 얼굴은 입체적으로 새겨놓았습니다. 이러한 선각과 양각을 조화시킨 양식은 고려시대에 유행한 거대한 마애불상의 조성으로도 이어집니다.

용장사곡 삼층석탑 | 보물

　해발 400m의 금오산 정상 부근에 세워져 있는 높이 4.5m의 석탑으로, 무너져 방치돼 있던 것을 1922년 지금의 원래 자리에 복원했습니다. 신라의 석탑은 삼층석탑이 대표적이며 각 층의 탑신인 몸돌 밑 기단은 보통 이중 기단의 형식을 취하는데, 용장사곡 삼층석탑은 1층 기단을 경주 남산으로 사용하고 있기에 '세상에서 가장 큰 석탑'으로도 불립니다.

©문화재청

용장사지 마애여래좌상 | 보물

용장사지 마애여래좌상은 부처님 두상의 나발이 남산의 다른 불상보다 두드러지는 것이 특징입니다. 옷은 두 어깨를 감싼 통견의 양식을 취하고 있고, 연화대좌 위에 앉아 눈을 반쯤 감은 채 미소를 띤 온화한 표정이며, 결가부좌하고 오른쪽 발만 보이게 한 길상좌(吉祥坐)를 하고 있습니다.

용장사곡 석조여래좌상(삼륜대좌불) | 보물

8세기 중엽 통일신라시대의 불상으로, 세 개의 둥근 연화문 좌대와 둥근 받침은 유례가 없는 독특한 모습입니다. 부처님 옷이 내려온 좌대의 모습에서 화려한 아름다움이 돋보입니다. 용장사곡 석조여래좌상도 불두가 없이 방치되다가 나중에 둥근 세 개의 좌대에 불두가 없는 부처님 몸을 원래의 자리에 모셔놓았습니다. 《삼국유사》에 따르면 신라 고승 대현 스님이 예불을 드리며 불상 주위를 돌자 석조여래좌상이 스님을 바라보며 얼굴을 돌렸다는 전설이 전해집니다.

천년을 세우다

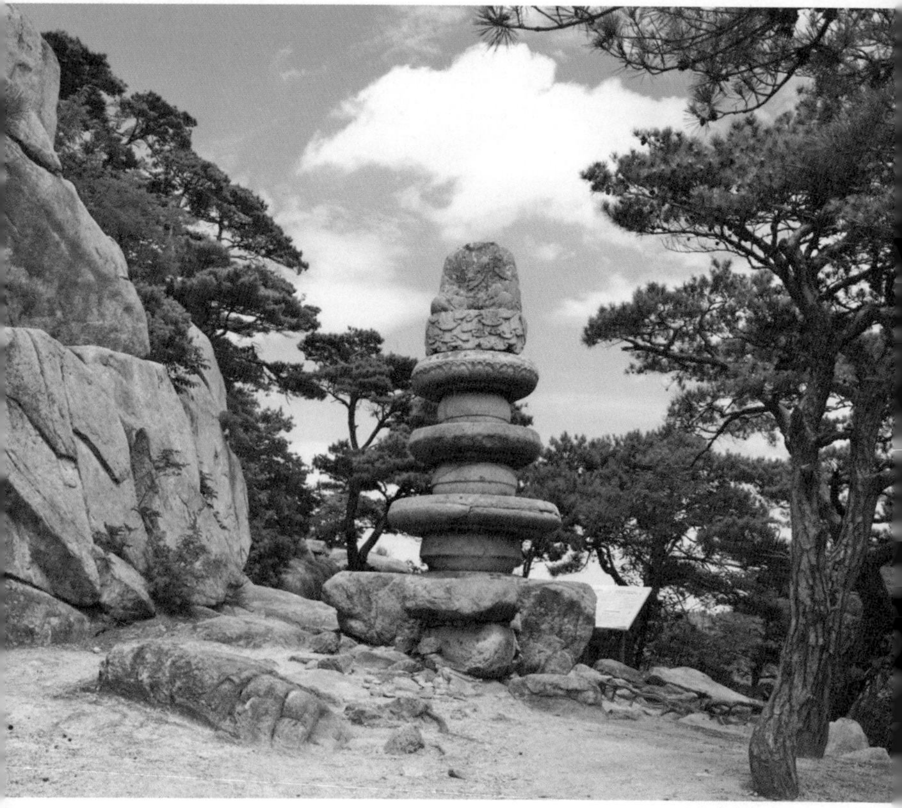

©문화재청

공원지킴터

심원사

(국립등산자원센터)

금오봉

토함산행원

공원지킴터 天牛寺

관음사

열반재

천룡사

천룡사(기삼층석탑2기)
수곡 와룡사

칼럼

천년의 꿈

———————————————— · 성원 스님
대한불교조계종 미래본부 사무총장

지난 2023년 4월 19일, 오래전에 넘어진 경주 남산 열
암곡 마애부처님을 바로 모시자는 원력을 중심으로
한국불교의 중흥을 꿈꾸는 '천년을 세우다' 추진위원
회 출범식이 있었다. 모든 불자들에게 종책 방향을 명
확히 전하고 함께 나아가자는 다짐의 시간이었다.

　행사를 마치고 영상으로 출범식을 접한 불자를 만
났다. 대뜸 "십 년, 백 년도 아니고 천년을 꿈꾸고 준
비하는 불교의 모습에 사람들이 너무 충격적이었다고

한다"며, 자신도 "묘한 자긍심을 느꼈다"고 말했다.

　시간은 많은 것을 변화시킨다. 시시각각 흘러 밤과 낮을 만들고, 일일이 흘러 계절을 만들어 우리에게 선사한다. 연년이 흘러 산하대지의 모습들도 바꾸어 간다.
　자연의 변화뿐만이 아니다. 시간은 옳고 그른 일까지 변화시킨다. 한때 정의로웠던 일이 바뀌어 부정한 것이 되기도 하고, 당시에는 부적절한 견해가 정당성을 가지기도 한다.

　일상에서 피부로 와닿는 일 중에 출산 문제가 그렇다. 30~40년 전만 해도 다출산은 사회적으로 부도덕한 일이었다. 오죽했으면 '덮어놓고 낳다 보면 거지꼴을 못 면한다'라는 공식 표어까지 나왔을까? 지금은 저출산 문제가 우리 사회 최고의 화두로 떠올라 있다.

사회적 문제도 그렇지만 사상적 문제는 시류에 더욱 민감하다. 한때 정의라는 이름으로, 또는 국익이라는 미명하에 심지어 살상까지 벌인 사안들 가운데 오늘날 관점이 바뀌면서 혹독한 평가를 받고 있는 것이 한둘이 아니다.

새로운 사실로 평가가 제대로 이루어져 서로 화합되는 경우는 별개의 문제다. 제주 4·3 사건 같은 경우 국가 최고의 사법기관에서 그 부당성을 질타하고 정당성을 인정했음에도 비록 소수의 의견이지만 근본적으로 다른 견해를 표출하는 경우들이 여전히 존재하고 많은 문제를 야기하고 있다.

시공간에 갇혀서 살아가는 우리의 삶은 언제나 시간과 공간 속에서 정당과 부당을 오가며 방황한다. 그 옛적 세존이 살아 계셨던 시기에도 이러한 현상은 조금도 다르지 않았다.

부처님은 시간과 지역의 굴레를 벗어난 불변의 진리를 찾아 고민했다. 무엇보다 일생이라는 유한한 삶 속에서 영원불멸의 진리를 찾아 나선다는 것 자체만으로도 세상의 존경을 받는 분, '세존'이라 불릴 만하다는 생각이 든다.

처음 출가했을 때 행자실에는 '신심으로 욕락을 버리고 일찍 발심한 젊은 출가자들이여! 영원한 것과 영원하지 않은 것을 똑똑히 분간하면서 걸어가야 할 길만을 고고히 걸어서 가라'는 우바리 존자의 말씀이 걸려 있었다.

출가 직후 이 게송을 접하면서 영원성에 대해 수없이 사색한 기억이 새롭다. 당시에는 '영원한 것'에 대한 끊임없는 갈망이었다면, 이제는 '영원성을 갖춘 가치가 우리에게 왜 이토록 간절한가'를 생각하게 된다.

불교는 시간을 초월한 의지를 불태운다. 티베트의

밀라레빠 성자께서도 '우리 함께 있다 해도 영원을 기약하지 못할 것, 나 불멸의 진리를 찾아 수행에 정진하리라'는 게송을 전하고 있다.

'천년을 세우겠다'는 원력을 듣고 천년의 시간에 놀랐다지만, 영원불멸의 진리를 찾아 길을 나섰고 일체중생의 영원한 안락을 꿈꾸는 우리 불교의 관점에서 보자면 천년은 짧은 시간이지 않을까?

부처님오신날 가장 애용하는 발원문 첫 구절 '우주에 충만하사 아니 계신 곳 없으시고, 만유에 평등하사 두루 살펴주시는 부처님!'을 다시 보면 만유 세월의 영원성에 방점을 찍고 있다.

이제 다시 시작하는 '천년의 시간을 세우는 일'에 당당하면 좋겠다. 현재라는 시간은 늘 힘들고 어렵다. 하지만 조금 더 시간을 길게 생각하면 고통도 쾌락도 그토록 몸부림칠 일만은 아닐 것이다. 불멸의 진리를 찾아 나섰고, 영원의 진리를 체득하신 부처님 제자답게 우리도 장대한 시간 위에서 좀 더 유유자적할 수 있으면 좋겠다.

열암곡에 누워 계시면서 천년의 세월 우리의 손길을 기다리신 부처님께 지극한 존경의 마음을 전하고 싶다.

「법보신문」 2023. 5. 1

천년을 세우다

———————————————————— 원철 스님
불교사회연구소장

넘어진 채 발견된 경주 남산 열암곡 마애입불상을 처음 친견한 것은 2007년 9월이다. 2022년 10월에도 뵈러 갔다. 그 사이에 두어 번 또 다녀왔다. 그렇게 15년이 흘렀다.

처음 발견할 때만 해도 금방 제 모습을 찾겠지 했는데 그게 아니었다. 갈 때마다 주변에는 보호를 위한 임시 시설과 첨단 계측 장비가 하나둘 더해지면서 뭔가 달라지고 있긴 했지만 정작 마애불은 언제나 발견 당시 모습 그대로였다.

땅바닥을 향해 있는 오뚝한 콧날과 미려한 얼굴 윤곽선 및 기다란 귀를 뵐 때마다 참호 안의 군인 같은 자세를 취하고서야 겨우 눈을 맞춘 후 예의를 갖추고 두 손을 모았다.

쪼그려 앉은 다리를 펴고 일어나 한숨을 돌리며 서편 언덕을 바라보니 얼마 전 복원을 마친 여래좌상이 보인다. 2005년부터 관계 연구원들은 여기저기 흩어져 있던 깨진 광배와 좌대 등을 수습했다. 하지만 머리 부분은 여전히 오리무중이었다.

지성이면 감천이라고 했던가. 남산 답사 동호인의 도움으로 멀리 떨어진 계곡 아래에서 불두를 찾을 수 있었다. 홍수 때 떠내려간 모양이다. 그리하여 무사히 원형대로 모실 수 있게 되었다. 등산로 표지판과 내비

게이션에 등록된 이름은 '열암곡 석조여래좌상'이다.

　오랜 세월 비바람과 사람 손을 탔던 여래좌상은 현대의 뛰어난 복원 기술에도 불구하고 여전히 곳곳에 그 상처의 흔적을 남겨두었다. 무너지고 넘어지고 흩어진 채로 땅바닥 여기저기에 묻히면서 햇볕에 노출된 부분마다 바위 때깔이 달랐다.

　아들을 낳겠다는 간절함으로 가득했던 서라벌의 어느 아낙네가 다녀갔는지 코 부분은 아예 평평하다. 또 풍우에 마멸까지 더해진 얼굴 부분은 민망할 만큼 쳐다봐도 표정조차 읽어낼 수가 없다. 그럼에도 앉아 있는 전체 모습에서 풍겨 나오는 아우라는 여전히 당당하다.

　인근에 넘어져 있던 마애입상은 그 과정에서 발견된다. 수십 톤에 달하는 무게의 기다란 직육면체 바

　　　　　　　　　　　천년을 세우다

위 주변에는 흙과 낙엽이 켜켜이 쌓여 있었다. 전문가의 눈썰미는 남달랐다. 맨손으로 주변 정리를 해가며 더듬는데 뭔가 촉이 왔다. 손가락 끝에 조각 결을 또렷이 느낄 수 있었다. 완전체 그대로였다.

땅바닥 바위와 불상 콧날 사이 간격은 불과 5cm였다. '희유(기적)하십니다!' 외는 달리 표현할 말이 없다. 2007년 9월 13일자 프랑스 〈르몽드〉는 발견 사실을 사진과 함께 크게 보도했다.

넘어진 것은 넘어진 대로 그만한 이유가 있다. 물론 자연현상인 지진이 일차적 원인이다. 하지만 마애불로서는 당신을 지키기 위한 방편이었다고 종교적으로 해석할 수 있겠다. 비바람 그리고 사람들의 손때 타는 것을 막기 위한 피신이었다. 1300년 전의 모습을 그대로 간직하여 후대에 전하려는 타임캡슐을 자청하신 것이다. 덕분에 우리는 완벽한 국보급 신라 마애입불상을 21세기에 만날 수 있게 되었다.

넘어짐으로 인한 원형 보존의 천년 공로는 지금까지 역할로 충분하다. 이제 본모습을 찾아드릴 때가 왔다. 그래서 나타나신 것이리라. 엎어진 채 그대로 두는 것을 원형 보존이라고 우긴다면 그건 한 눈으로만 바라본 견해다.

이제 '진짜 원형' 보존이라는 두 눈의 지혜를 모아 미래천년을 준비할 시점이다. 발견 후 스무 번째 겨울이 오기 전 온전히 모시는 일에 관계자와 문화 대중의 역량을 모아야겠다.

「조선일보」 2022. 12. 16

5cm 기적에서 우뚝 솟아
일어나는 용현불로

———————————————• 정은우
부산박물관장

2007년 5월 22일, 세계문화유산으로 등재된 경주 남산에서 기적 같은 일이 일어났다. 5m가 넘는 마애여래좌상이 남산의 해발 494m 고위산 열암곡에서 넘어진 채 발견된 것이다. 암반과 마애불의 코 사이의 거리 때문에 '5cm의 기적'이라고도 부른다.

마애불의 발견은 문화유적에 대한 시민들의 관심,

그리고 경주시의 연속적인 남산 조사 정책이 함께 이루어낸 결과였다.

2005년 10월 23일, 남산 문화유적을 답사하던 경주남산연구소 회원 임희숙 씨와 배만수 씨가 경상북도 유형문화재 제113호로 지정된 열암곡 석불좌상의 불두를 발견하였다. 이를 계기로 경주시는 열암곡 석불좌상에 대한 정비를 국립경주문화재연구소에 의뢰하여 석불좌상에 대한 정비 계획을 세우고 발굴조사를 실시하였다. 그리고 이 과정에서 석불좌상에서 남동쪽으로 30m 정도 떨어진 곳에서 대형 마애불이 발견되었다.

당시 마애불은 40도 정도 경사진 산사 면에 불상이 새겨진 면이 바닥으로 향한 채 앞으로 넘어져 있는 상태였다. 마애불은 위에서 보면 마치 편평한 바위 같아서 그 누구도 안쪽에 정교한 불상이 조각되어 있으

리라고는 생각하지 못했다. 그렇기에 불상이 조성된
지 거의 1300년 만에 그 모습을 드러낸 것은 부처님
의 큰 가피가 아닐 수 없다.

  그런데 이 거대한 마애불은 왜 넘어진 채 발견되었
을까? 그리고 언제 어떻게 넘어졌을까? 이에 대해 여
러 의견이 있으나 공통된 이유는 경주 지진이다.

  경주에서는 통일신라시대부터 조선시대에 이르기
까지 크고 작은 지진이 계속 이어졌다. 779년(혜공왕
15년) 경주 대지진이 잘 알려져 있으며, 조선시대에는
1430년(세종 12년)에 있었던 경주 지진의 타격이 가장
컸던 것으로 알려져 있다.

  마애불의 제작 시기를 고려하면 조선시대 경주 대
지진 당시 마애불이 넘어졌을 가능성이 크다. 무게
80톤에 달하는 이 마애불이 넘어질 정도면 우리가 체
감한 2016년 9월 12일 경주 지진보다 훨씬 컸을 것으

로 짐작된다.

　그렇다면 마애여래입상은 거의 600년 동안 넘어진 이 상태로 있었던 것이 된다. 그리고 발견 이후 현재까지 거의 15년 동안 역시 같은 상태가 지속되고 있었던 셈이다.

　현재 머리 위쪽 끝부분과 허벅지 부분만 암반과 돌덩이에 닿아 여래상을 지탱하고 있기에 보는 사람들의 마음도 불안하고 위태롭다. 그동안 다양한 전문가들이 제대로 모실 수 있는 방법을 강구하였으나 좁은 산길 탓에 오늘날 최첨단 과학과 기술력으로도 뾰족한 해결책은 없는 상태다.

　이에 대해 전문가들 사이에서는 이 또한 신비로운 일이니 그 자체를 신격화해야 된다는 의견과, 마애불을 바로 모셔 불격을 세워야 한다는 의견이 팽팽하다. 대한불교조계종 총무원은 2022년 10월 31일 총무원장 진우 스님을 중심으로 문화재청, 경주시 관계자 및 불교 신자들이 한자리에 모여 열암곡 마애불 앞에서 '마애부처님 바로 모시기' 운동을 알리는 고불식을 진행하여 결의를 다진 바 있다.

남산에서 이 마애불을 친견하러 가는 길은 꽤 멀다. 경주시 내남면 노곡2리 마을회관에서 백운암으로 향하는 길을 따라가면 열암곡이 있고, 이곳에서 다시 800m 정도 올라가야 절터에 이르게 된다.

열암곡은 경주 남산 남동쪽 끝단의 백운계(白雲溪)의 한 골짜기로, 열암곡뿐만 아니라 백운곡, 양조암곡, 심수곡 등 절터가 많이 남아 있다. 불상이 발견된 곳은 열암곡 제3사지로 동서 15m, 남북 11m 정도의 평평한 대지에 형성되어 있다.

전체적인 절의 규모는 동서 32m, 남북 31m에 달한다. 건물의 초석들과 넘어지고 깨진 불상의 부재들이 주변에 흩어져 있어 어렵지 않게 절터임을 알 수 있다. 현재는 발굴조사가 진행되어 잘 정리되어 있다.

열암곡 마애여래입상은 무게 약 80톤, 너비 2.5m, 두께 1.9m, 높이 6.2m의 화강암 한 면에 돋을새김으로 조각되어 있다. 마애불상의 크기는 4.6m, 연화대좌가 1m로 전체 높이 5.6m에 이르는 대형불이다.

발견 당시 여래상의 콧날 부분과 지면이 5cm 정도 떨어져 있어 다행히도 얼굴은 완전하게 보존될 수 있었다. 훗날 발견된 석불들이 넘어지면서 얼굴이 마모되거나 훼손되는 일이 대부분이니, 참으로 신기하고 경이로운 일이다.

이 마애불의 특징은 봉긋 솟은 육계와 머리카락의 표현이 없는 민머리, 신체에 비해 큰 네모진 얼굴과 신체가 짧은 비례, 편단우견의 대의, 가슴에 표현된 탄

천년을 세우다

력 있는 양감, 5개의 큰 단엽으로 구성된 올림연꽃 그
리고 아름다운 얼굴이다. 여래입상들 가운데 편단우
견 대의를 입은 작품이 많지 않은데, 경주 남산 삼릉
계 마애선각여래입상과는 편단우견의 대의 및 손 모
양, 만든 시기까지도 비슷하다.

옷 주름은 편평하면서도 겹겹이 흘러내리면서 일
률적으로 접혀 있다. 옷 주름의 표현은 얼굴과 더불어
넘어져 있는 상태에서 우리가 볼 수 있는 마애불 감상
의 주된 포인트다. 오랫동안 넘어진 채 외부에 노출되
지 않은 상태여서인지 측면에서 바라보는 옷 주름에
는 거칠게 표현된 돌의 질감이 잘 남아 있다. 거칠면서
도 강한 생명력이 느껴지는 화강암의 질감은 한국적
아름다움이기도 하고 실내가 아닌 경주 남산에 있어
생명력 있는 실재감이 더 크게 다가온다.
현재 얼굴 형태 및 마애불의 신체 비례, 불상의 입

체감이나 옷 주름 등에서 이 마애불은 8세기 말에서
9세기 초엽에 제작되었을 것으로 추정하고 있다.

열암곡 마애여래입상의 백미는 곧게 뻗은 뾰족한
코와 도톰한 입술에서 풍기는 도도하면서도 귀족적인
얼굴이다. 특히 발견 당시부터 유명했던 높은 콧대는
성형으로도 어려울 정도로 곧고 아름답다.

또한 손가짐(수인)과 손톱까지 세밀하게 조각된 두
툼한 손가락도 독특한데, 왼손은 왼쪽 가슴에 놓여
있고 오른손은 오른쪽 다리 위로 내렸다. 이와 비슷
한 손 모양을 한 여래입상들이 8~9세기 경주 지역을
중심으로 조성되었는데, 석가불 또는 아미타불의 수
인으로 추정하고 있다.

경주 남산에는 열암곡 마애여래입상만이 아니라
약수계곡 마애입불상(8.6m), 삼릉계 상선암 마애석가여래좌상(6m) 등 5m가 넘는 대형 불상들이 특히 9세기에 많이 조성되었다. 이러한 장육존상(丈六尊像)은 한 사람의 발원에 의해 만들기 어려운 대불사로, 급변하는 시대였던 9세기 신라 왕실과 당시 새로운 정권의 왕권 강화를 위한 불교정책 등의 정치적 의미가 내포되었을 가능성이 크다.

신성한 땅이자 우수한 화강암을 보유한 경주 남산, 솜씨 좋은 석장을 보유한 신라의 수도 경주, 부처의 가르침을 따르는 충만한 신앙심이 합쳐진 덕분에 거대한 불상들이 경주 남산에 조성될 수 있었다.

신라인들이 국가적 차원에서 신심으로 제작한 마애여래입상, 이제 '열암곡 마애불 바로 모시기' 운동은 현재를 살아가는 우리의 몫이 되었다. 이에 조계종 총무원을 비롯하여 문화체육관광부, 문화재청, 경상북도, 경주시가 한마음 한뜻으로 움직이고 있다. 자연

풍화로 점점 약해지고 있는 천년이 넘은 마애불을 한 치의 훼손 없이 우뚝 솟게 하기 위해 이제는 대한민국이 움직이고 있는 것이다.

마애불의 원래 위치는 바위 돌이 지표면에 드러난 그 윗부분으로 추정하고 있다. 언젠가 아무런 훼손 없이 원래 계셨던 성스러운 그 장소에서 아름다운 얼굴로 우뚝 솟아 있을 그날을 고대한다.

《법화경》〈견보탑품〉에 쓰여 있는 부처님이 보살도를 닦은 시절 세운 대서원, 높이 솟아올라 나타난 용현불(湧現佛)처럼 스스로 증명하실 그날을 기다린다.

「미디어 조계사」 2023. 1. 2

천년을 세우다

천년을 세우다

초판 1쇄 발행 2023년 9월 25일

지은이   무진
감 수   대한불교조계종 미래본부
발행인   정지현
편집인   박주혜

대표   남배현
본부장   모지희
편집   손소전 김옥자
경영지원   김지현
디자인   정면

펴낸곳   (주)조계종출판사
주소   서울시 종로구 삼봉로 81 두산위브파빌리온 1308호
전화   02-720-6107
전송   02-733-6708
이메일   jogyebooks@naver.com
출판등록   제2007-000078호 (2007. 04. 27.)
구입문의   불교전문서점 향전(www.jbbook.co.kr) 02-2031-2070

ISBN   979-11-5580-209-0 03220

조계종
출판사 지혜와 자비의 눈으로 세상을 바라봅니다.